ピンとくる仕事や先輩を見つけたら、巻末のワークシートを記入用に何
手もとに置きながら読み進めてみましょう。

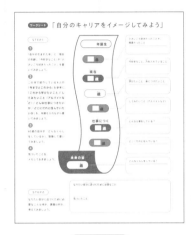

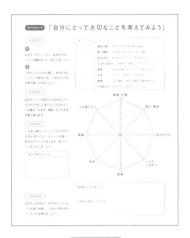

ワークシート
「自分のキャリアをイメージしてみよう」

ワークシート
「自分にとって大切なことを考えてみよう」

このワークシートは、自分の未来を想像しながら、
自分が今いる場所を確認するための、強力なツールです。

STEP1 から順にこのワークに取り組むと、
「自分の得意なこと」や「大切にしていること」が明確になり、
思わぬ気づきがあるでしょう。

そして、気づいたことや思いついたことは、
何でもメモする習慣をつけるようにしてみてください。

迷ったとき、くじけそうなとき、記入したワークシートやメモをふりかえれば、
きっと、本来の自分を取り戻し、新たな気持ちで前へと進んでいけるでしょう。

さあ、わくわくしながら、自分の未来を想像する旅に出かけましょう。

ボンボヤージュ、よい旅を！

ジブン未来図鑑編集部

ジブン未来図鑑

キャラクター紹介

「スポーツが好き！」
「食べるのが好き！」

メインキャラクター

ケンタ

KENTA

参謀タイプ。世話好き。
怒るとこわい。食べるのが好き。

「アニメが好き！」
「演じるのが好き！」

メインキャラクター

カレン

KAREN

「子どもが好き！」
「動物が好き！」

メインキャラクター

アンナ

ANNA

ムードメーカー。友だちが多い。
楽観的だけど心配性。

「医療が好き！」
「おしゃれが好き！」

メインキャラクター

ユウ

YŪ

人見知り。ミステリアス。
独特のセンスを持っている。

リーダー気質。競争心が強い。
黙っているとかわいい。

「宇宙が好き！」
「デジタルが好き！」

メインキャラクター

ダイキ

DAIKI

ゲームが得意。アイドルが好き。
集中力がある。

職場体験完全ガイド＋

ジブン未来図鑑

JIBUN MIRAI ZUKAN

9

アニメが好き！

イラストレーター　　アニメーター　　声優　　ボカロP

CONTENTS ジブン未来図鑑 職場体験完全ガイド＋

ILLUSTRATOR

イラストレーター

1日に
どのくらい
練習するの？

？

どんな道具を
使ってかくの？

？

資格は
必要なの？

？

絵が上手で
ないと
なれないの？

？

イラストレーターってどんなお仕事？

　イラストレーターは、雑誌や本の挿絵、表紙やカバー、広告のポスター、商品パッケージなどの絵をかく仕事です。最近ではアニメやミュージックビデオなどのキャラクターをかく仕事も増えています。ほとんどの場合、出版社や広告主からの注文に応じてかくので、注文の内容、要望に合わせて、スケジュールを守ってかくことが必要です。絵が上手なことはもちろん、ほかの人にはかけない特徴のある画風をもっていることも大切です。多くのイラストレーターはフリーで活動し、SNSやウェブサイト上に作品を発表しています。その人の作風にもよりますが、パソコンやタブレットなど、デジタル技術を活用してかくことが主流となっています。

給与
（※目安）

15万円
くらい～

　イラストの大きさ、あるいは実力や経験によって変わります。イラスト1点で値段がつく場合も多く、人気がでると1点で20～30万円以上になることも。

※既刊シリーズの取材・調査に基づく

イラストレーターになるために

ステップ 1
美術系の専門学校や大学などで学ぶ
高校を卒業後、美術大学や専門学校に進み、絵やデザインの勉強をする人も。

ステップ 2
イラストをかける企業に就職する
ゲーム会社やデザイン会社など、イラストをかく仕事のある企業に就職して経験を積む。

ステップ 3
独立してフリーのイラストレーターに
SNSやウェブサイトに作品を投稿し、仕事を得るケースも多い。

こんな人が向いている！

絵をかくのが好き。

集中力がある。

自分ならではのセンスを表現したい。

本やアートが好き。

もっと知りたい

　イラストレーターになるのに資格はありません。学校で絵や美術を学ばなくても、独学でなることもできます。複数の仕事を同時にたくさんこなすことが多く、テキパキと作業できることが大事です。デジタルで絵をかく技術は必須です。

イラストレーター
sakiyama さんの仕事

アニメーションの絵もイラストもすべてデジタルで制作。タブレットに、専用のペンで絵をかきます。

アーティストの曲に合わせて
MV（ミュージックビデオ）を制作

　イラストレーターのsakiyamaさんは、ダークでちょっとあやしげな独特の作風をもち、企業の商品キャンペーンやグッズ、本の表紙など、さまざまなイラストをかいています。好みが分かれる作風といわれますが、個性を打ち出せることは強みです。メディアに顔写真を公開していないため、作風から男性だと思われることもあり、性別のイメージに左右されずに作品だけを見てもらえることは喜びでもあります。

　sakiyamaさんは、アーティストの曲と動画を合わせたMV（ミュージックビデオ）のアニメーション制作でも活躍しています。MV制作の依頼を受けると、まず打ち合わせをして、どんなイメージでつくるのか要望を聞き取ります。ストーリーが決まっている場合もあれば、大まかな雰囲気だけが決まっていて、あとは曲に合わせてつくってほしいという場合もあります。打ち合わせ後は、曲に合わせてだいたいのストーリーやイメージ、キャラクター、映像の動かし方などを考えて提案します。変更があれば新たな提案をし、大枠が決まると、曲の最初からワンコーラス分の映像をつ

要望に合ったMVをつくるため、必要なストーリーやキャラクターの雰囲気（ふんいき）などを、打ち合わせでしっかり確認（かくにん）します。

くります。見る人の興味（きょうみ）を引き付けないといけない部分なので、まずここで雰囲気を見てもらい、OKが出たら全体をつくります。

アニメーションは、何枚（なんまい）ものイラストをかき、専用（せんよう）の制作（せいさく）ソフトを使ってつなげてつくります。1曲に1,000枚（まい）近くの絵をかくこともあり、とても大変な作業です。「今日はここまでかく」と毎日の予定を決めながら、納期（のうき）に間に合うように進めています。

キャラクターづくりでも、全体のストーリーづくりでも、最初の着想にはとても苦労します。じっと考えていてもよいアイデアがうかばず、ほかのことをやっている時にふとアイデアがわくこともあります。要望されたイメージをベースにつくりますが、細かいストーリーやキャラクターの表情（ひょうじょう）などは、その曲から自分が受けた印象（いんしょう）をもとにつくりこんでいきます。

曲の世界（りかい）を理解するために、制作（せいさくちゅう）中はたくさん聴（き）きこむことが大切です。そのアーティストの過去の作品など、世界観や雰囲気（ふんいき）が共通するものもたくさん聴くようにして、作業中はずっとそのアーティストの世界にひたっています。SNSなどでアーティストが発信している情報（じょうほう）もヒントにします。曲やアーティストの世界を表現（ひょうげん）できるように制作（せいさく）しているので、「曲の世界にマッチしている」という感想がもらえる時は、sakiyamaさんにとってうれしい瞬間（しゅんかん）です。

商品やグッズとのコラボも。 自分の作品は画集として出版（しゅっぱん）

sakiyamaさんのイラストは、洋服のメーカーや雑貨店（ざっかてん）などから依頼（いらい）を受け、Tシャツやパーカ、リュックのほか、文房具（ぶんぼうぐ）などのグッズにも使われています。布（ぬの）に印刷するなど、紙やデジタル以外のところに使われる時は、完成形をイメージし、よく考えて色や線の太さなどを調節します。グッズのイラストはsakiyamaさん自身が使いたいものになるようにかくので、完成品は自分でも使っています。

MVやグッズなどは依頼されてつくるものですが、sakiyamaさんは自分の作品の発表にも力を入れていて、画集の出版（しゅっぱん）もしています。依頼（いらい）される仕事は、依頼者（いらいしゃ）に満足してもらえることを第一に考え、その責任（せきにん）を果たす楽しさややりがいがあります。一方、自分の作品では、自分の好きなものを自分のために自由にかく楽しさがあります。その分、もっとよくなるのではないかといつまでも直してしまったり、どんどん細かいかきこみを追加したりして、作品が完成しなくなってしまうこともあります。なので、一度区切りをつけたら次の日に冷静に見直して、「これでよい」と思えたら、完成させるようにしています。

イラストをかく時は、参考資料（しりょう）がとても大切です。資料映像（しりょうえいぞう）をすぐに見られるようにディスプレイを配置しています。

sakiyama さんの 1日

1日中、自宅でイラストをかくことが多いですが、打ち合わせで外出もある1日を見てみましょう。

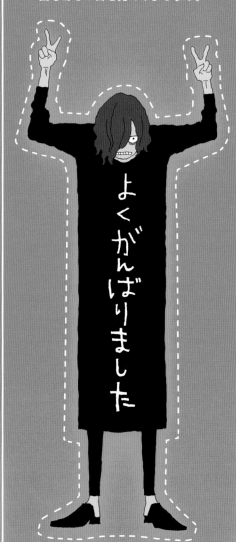

よくがんばりました

9:40

猫とくらしていて、ぬけ毛がたくさん落ちるので、掃除機は毎日かけます。

9:00
起床・朝食

9:40
掃除

24:00
入浴・就寝

22:00
映画鑑賞・読書

20:00
イラスト制作

映画や小説は、イラスト制作のアイデアにもなります。いろいろなジャンルを鑑賞しますが、特にミステリーが好きです。

アーティストのグッズに使用するイラストの制作をします。

20:00

スケジュールを確認して、制作途中のMV用のアニメーションイラストをかき進めていきます。

10:00
MV用のイラスト制作

毎日自分で料理しています。健康のことも考えながら、自分が食べたいものを食べるようにしています。

13:00
昼食

かいたイラストが印刷されたパーカの試作品ができたので、色が思った通りに出ているか、きれいに印刷されているなど確認します。

14:00
試作品のチェック

夕食も自分でつくります。インターネットで検索して、新しいレシピに挑戦することもあります。

19:00
夕食

スーパーに寄って、割引でお得になっているものやおいしそうなものを買って帰ります。

18:00
買い物・帰宅

本のカバーをかく依頼を受けたので、依頼主の会社に出向いて、どんなイラストにするか打ち合わせをします。

16:00
カバーの打ち合わせ

15:00
家を出る

sakiyamaさんをもっと

イラストレーターになりたいと思ったのはいつですか？

大人になってからです。子どものころから絵をかくのは好きで、中学生の時にデジタルで絵をかく道具を買ってもらいましたが、本格的にはかかずにしばらく絵から遠ざかっていました。再開したのは会社員として事務の仕事をしていた時。いろいろなやみ、ストレス解消のためにかきはじめました。かいていると気持ちが落ち着き、絵が完成するとすっきりしたのです。

絵を発表しようとは思っていなかったのですが、作品がたくさんできたので、SNSで発表したら、だんだん見てくれる人が増え、感想をもらえるようになりました。そんなある日、「『ずっと真夜中でいいのに。』のMVをつくってください」と依頼が来ました。それがはじめてのイラストの仕事です。それまでは好きなことを仕事にしたら好きではなくなってしまうと思っていて、絵を仕事にしたいとは思っていませんでした。でもMVのお仕事をやってみて、好きなことを仕事にするのはとても楽しいとわかったのです。イラストの仕事が増えていそがしくなったので、会社を辞めてイラストの仕事に専念することを決めました。

「ずっと真夜中でいいのに。」のMV制作を頼まれた時はどう思いましたか。

「自分にできるのか」と不安でしたが、最初の打ち合わせで「一緒に楽しみましょう」と言ってもらえて、音楽の仕事をしている人たちが楽しそうなことに刺激を受け、「こんなチャンスはない」と思ってやりました。普段からイラストをかく時はストーリーを考えながらかくことが多かったので、ストーリーづくりでとまどうことはありませんでしたが、アニメーションの経験はなかったので、参考図書を買って勉強しました。

イラストをかく時に参考にする資料はありますか？

人体デッサンの参考書はよく使います。体がこう動くと、足のうらがこう見える、骨がこう出る、など、体の場所ごとに絵の見本が示されています。特に足をかくのが苦手でとても助けになります。MVなどで最初のアイデアを出す時には、インターネットで検索して、イメージに近いイラストや写真をながめることもあります。直接参考にはしませんが、映画を見たり小説を読んだりもよくします。気に入った展開や雰囲気を覚えておくと、アイデアにつながることがあるんです。また、ながめていると不思議と創作意欲がわいてくるので、廃墟の写真集も集めています。

イラストをかく楽しさはどんなところにありますか？

現実にはあり得ない場面をかくことができたり、か

知りたい

いた人物の表情や、いる場所を自分でつくり出せるところです。子どもの時は、写生大会に参加したりして現実の風景をかくのも好きでしたが、大人になってからはストレス発散で自由にかいていたので、現実とはちがう世界を生み出すことが楽しくなりました。

また、わたしは同じことをしているとあきてしまう性格なので、MVだけ、グッズのイラストだけ、というのではなくたくさんの種類のことをしたいと思っています。イラストをかくことはいろいろな活動につながるので、たくさんの挑戦ができるのもいいところだと思います。これからも、漫画をかいたり、アニメーションをつくったり、いろいろなことをしていきたいです。

カレンからの質問

絵が上手になるためにはどうしたらいいですか。

とにかくたくさんかき続けることです。かき続けるためには楽しむことも大事なので、上手にかけないと思うものは、好きなものと一緒にかくといいですよ。たとえば、手をかくのが苦手だったら、手に好きなアクセサリーをつけたり、好きなキャラクターの絵と一緒にかいたりするのがおすすめです。わたしは、苦手な足をかく練習をする時、足だけをかくのではなく、体全体もかいて楽しむようにしています。

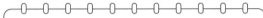

わたしの仕事道具
液晶タブレット

専用のペンで絵をかきます。この機種は画面が大きく、映像がきれいなところが気に入っています。付属のリモコンには、消しゴムや拡大・縮小、ぬりつぶしなど、よく使う機能を登録し、効率よくかけるようにしています。

みなさんへのメッセージ

イラストレーターは、絵をかくのが好きなことが何よりも大事。そして集中力も必要です。わたしは、最初は30分も集中できませんでしたが、今は1日中没頭できます。集中力は練習で少しずつついてきますよ。

かんば

プロフィール

1990年、神奈川県生まれ。会社員をしながらSNSに投稿した絵が注目されて仕事依頼が来るようになり、プロのイラストレーターに。初仕事は、「ずっと真夜中でいいのに。」の曲「ヒューマノイド」のMV制作。近年は、画集を出版したり、漫画制作をするなど、仕事の幅が広がっています。

sakiyama さんの 今までとこれから

1990年誕生

5歳

ピアノを弾くことと絵をかくことが好き。子どものころは、よくポケモンのキャラクターをかいていた。

16歳

受験勉強を一生懸命やって高校に入学。その反動で自分のやりたいことがわからなくなって、絵もピアノもやめてしまう。

20歳

やりたいことが見つからないまま、就職して事務の仕事をする。

26歳

仕事など、生活のストレスがたまり、夜中に1人で絵をかいて発散する。

今につながる 転機

かきためた絵をSNSで公開したところ注目されるようになり、イラストやMVの仕事の依頼がたくさん来るようになる。

27歳

会社とイラストの両方を続けるのは大変だったので、会社を辞めて、イラストレーターの仕事に専念する。

29歳

現在

MVや商品のキャンペーンのイラスト、グッズデザイン、本のカバーイラスト、漫画など、いろいろなジャンルで活躍。

32歳

未来

60歳

自分の好きな絵をかき続けて、幅広いジャンルで活躍していきたい。

sakiyama さんがくらしのなかで大切に思うこと

中学1年のころ ▇▇
現在 ▒▒

長時間絵をかくため、手づくりスムージーで栄養をしっかりとっています。

勉強・仕事

遊び・趣味

仲のよい人とおいしいものを食べて、いろいろな話をすると、リフレッシュできます。

自分みがき

人の役に立つ

健康

sakiyama さんは、好きな絵を仕事にしたからこそ、絵以外の時間も大切にしているそうです。

お金

家族

人とのつながり

2ひきの猫と遊ぶ時も、つかれを忘れられる時間。猫は大切な家族です。

sakiyama さんが考えていること

仕事に没頭しすぎず
絵をかく以外の時間も大切に

　イラストレーターは、1人で集中して作業することが多い仕事です。特にわたしの場合は自宅を仕事場にしているので、没頭すると家から出なくなってしまうことも多くなります。没頭しすぎると反動でそのあと何もしたくなくなってしまうので、ふらっと公園に行ったり、友だちとごはんを食べに行って話したりといった時間を大切にしています。

　趣味だった絵を仕事にしたため、仕事でも息ぬきでもずっと絵をかいていることになりがちです。絵だけではなく、読書や映画鑑賞、音楽鑑賞、買い物、料理など、絵以外のことも積極的にやるように心がけています。多くのジャンルの音楽を聴くことも、MV制作に役立ちます。また、ずっとすわって作業をしていると体がこり固まってしまうので、整体に通うなど健康管理にも気をつけています。

ANIMATOR

アニメーター

アニメーターって
何をするの？

アニメは
どうやって
つくるの？

1話のアニメに
何枚くらい
絵をかくの？

どうしたら
絵がうまく
なるの？

アニメーターってどんなお仕事？

少しずつ変化するたくさんの絵を連続で見せることで、動きをつくる映像技術のことをアニメーションといいます。アニメーション制作には、監督や脚本家、音響、声優などがかかわっています。その中でアニメーションの絵を担当するのがアニメーターです。アニメーションの絵をつくることを「作画」といい、「作画」は大きく「原画」と「動画」に分けられます。「原画」は動きのなかのポイントとなる絵で、「動画」は原画と原画の間をつなぐ連続した絵のことをいい、新人は動画からはじめることが多いです。30分のアニメをつくるには、何千枚という絵が必要になるため、アニメーターには高い画力がもとめられると同時に、質をたもちながらすばやくかく技術も必要です。

給与
（※目安）

10万円
くらい～

新人は個人で受ける場合、出来高で6～10万円ほど、制作会社の社員の場合18万円ほどと、雇用形態で変わります。実力が上がると100万円以上稼ぐ人もいます。

※既刊シリーズの取材・調査に基づく

(アニメーターに なるために)

ステップ 1 アニメーションや 作画について学ぶ
専門学校や大学などでアニメーションについての基礎知識や、作画の基本を学ぶ。

ステップ 2 アニメや映像に関する 制作会社に所属する
制作会社で、動画制作からはじめて経験を積む。最初からフリーでデビューする人も。

ステップ 3 アニメーターに
実績を積むと、作画監督やキャラクターデザイン、監督などにキャリアアップも。

こんな人が向いている！

絵をかくことが好き。

アニメーションが好き。

集中力がある。

責任感がある。

根気強い。

もっと知りたい

アニメーターになるために必要な資格や学歴はなく、独学でアニメーターになることもできますが、専門学校などで技術を身につけるのが一般的です。実力によって給与や仕事内容にちがいがあるため、つねに絵をかく技術のスキルアップが必要です。

アニメーター
西位輝実さんの仕事

『るろうに剣心 –明治剣客浪漫譚–』のキャラクターデザインを担当し、キャラクターの外見をデザインしていきます。

頭の中でキャラクターに
芝居をさせて、それを絵にする

　西位さんは、東京都内で活動しているフリーのアニメーターです。これまで、『呪術廻戦』や『聖闘士星矢』『ジョジョの奇妙な冒険』『輪るピングドラム』など、数多くの人気アニメ作品にたずさわってきました。

　西位さんは、アニメーターとして絵をかくことが仕事ですが、すべてを自由にかくわけではありません。アニメーションをつくるためには、絵コンテという設計図が必要です。絵コンテには、監督や作品の原作者、作品に出資している製作委員会など、さまざまな人たちがまとめた、大まかな流れや演出の方向性などが絵や文章でしめされています。基本的にはこの絵コンテの内容にそって、動きはじめや終わり、節目といった動きのポイントとなる原画をかいていくのです。

　西位さんは、原画をかいてキャラクターを動かすのは「絵で芝居をする」ことだと考えています。絵コンテを見て、自分なりにキャラクターについてほり下げ、頭の中に思いうかんだ芝居を原画として形にしていきます。決まった枚数や時間のなかで、どんな動きをつけるのか、自分の個性を表現しながら考えます。

原画をかく前に、シーンごとに画面のなかでどんな背景にキャラクターをどう置き、カメラの動きをどうするかなどを考え絵を起こします。これをレイアウト作業といい、演出担当や、作画のチェックを行う作画監督などに確認してもらいます。許可が出れば原画制作に移ります。できた原画はふたたびチェックを受け、必要があればその都度修正していきます。これをくり返し、それぞれのシーンができていくのです。

西位さんは、近年作画監督もつとめるようになり、自分で原画をかくだけでなく、ほかのスタッフがかいた絵の確認も行っています。各話で作画をするアニメーターは何十人もいて、作画監督には1話ごとに絵の品質をたもつ責任があります。西位さんは、きびしく確認して全体の絵の統一感などを守っています。

チームで同じ絵をかけるように
キャラクターデザインを行う

西位さんは、原画制作や作画監督といった仕事のほかに、キャラクターデザインも数多く担当しています。キャラクターデザインとは、アニメ作品の登場人物をデザインすることで、アニメとして動きをかきやすいデザインであることが必要です。アニメーションは集

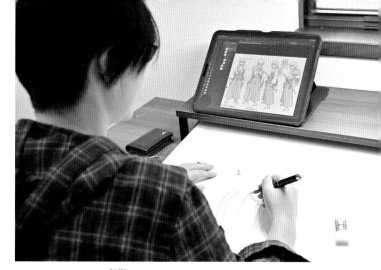

原画は、原画用の紙に鉛筆でかいていきます。キャラクターデザインの資料を見ながら、統一された絵になるよう心がけます。

団で制作を行うため、キャラクターデザインは、作画の際の共通の基準となります。正面からの絵だけでなく、後ろや横から見た図、喜怒哀楽の表情、キャラクターをデフォルメする際の表現の幅や省略方法など、作画の統一性をたもつとともに、スタッフみんながかけるデザインにすることがもとめられます。

漫画作品のアニメ化の場合は、原作の絵からアニメの絵にするという作業が必要です。長期連載の漫画だと、原作の漫画の絵が変化していくこともあります。西位さんはその場合、原作が一番魅力的に見える時の絵をキャラクターデザインに選ぶようにしています。

番組の放送が進むと、途中から登場するキャラクターが増えたり、服装が変わったりすることも多く、そのたびに新しいデザインを追加していく必要があるので、キャラクターデザインの仕事はアニメ制作の終盤まで続きます。

西位さんは、キャラクターデザインを行うために、「勉強することが大事」だと考えています。たとえば、刀を使うキャラクターがいた場合、刀は時代によって長さや反りなど、つくりが少しずつ異なるため、調べずにあてずっぽうでデザインしてしまうと、ちぐはぐなものができあがってしまいます。説得力のある絵をつくるためには、自分で考え、自分で調べ、知識をつけていかなくてはならないのです。

アニメ制作にはたくさんの人がかかわっています。打ち合わせを行って情報を共有します。

13:00

西位輝実さんの1日

仕事に集中できる夜から原画制作や作画確認などの作業をする、西位さんの1日を見てみましょう。

起きて少しゆっくりしてから、朝食をとります。

10:00
起床

11:00
朝食

5:00
就寝

4:00
入浴

3:00
作画監督の作業

作画監督として、ほかのアニメーターから上がった作画（原画と動画）を確認します。パラパラめくりながら動きが問題ないかも見ていきます。

3:00

16:00

21:00

オンラインで、作画の進み具合や予定などの打ち合わせをします。時には続けて数件の打ち合わせをこなすこともあります。

買い物に行ったり、映画を見に行ったり、ジムで運動したりするなど、自宅の外に出かけて自分の時間をすごします。

仕事をはじめます。タブレットを使って、キャラクターデザインの作業を進めていきます。

13:00
打ち合わせ

16:00
自由時間

20:00
帰宅・食事

21:00
キャラクターデザイン作業

24:00
原画作業

23:00
ラッシュチェック

22:00
休憩

キャラクターデザインの資料を確認しながら、担当する放送回の原画をかいていきます。

チェック用の映像データを「ラッシュ」といいます。テレビで映像を再生し、アニメの動きに問題がないかなどを確認します。

長時間の作業になるため、合間に休憩を取ります。休憩中は絵の参考になるような本を読んだり、仮眠を取ったりすることもあります。

24:00

23:00

22:00

INTERVIEW （インタビュー）

西位輝実さんをもっと

アニメーターをめざした
きっかけは何ですか？

　子どものころから絵をかくことが好きで、もともとは漫画家になるのが夢でした。アニメ制作への興味をいだくようになったのは、高校2年生のころに『新世紀エヴァンゲリオン』というアニメ作品と出あったことがきっかけでした。作品のファンになると同時に、「アニメってどうやってつくっているんだろう？」という疑問が頭にうかびました。漫画のかき方はだいたい知っていましたが、アニメは想像がつかなかったので勉強しようと思い、入学した専門学校では、アニメ制作のコースに入ることにしました。

　卒業後、漫画家ではなくアニメの道に進もうと思ったのは、学校で経験したアニメ制作が楽しかったからです。集団でつくるのも、自分の絵が動くことも新鮮で、すっかりアニメ制作の世界にはまってしまいました。しかし、決して漫画家になる夢を捨てたわけではなくて、「アニメ制作の経験が漫画のネタになるかも」と思っていたところもありましたね。それから今に至るまで、こうしてアニメ制作を続けています。

アニメーターになってから
どんな努力をしましたか？

　最初に所属していた会社が、マンツーマンで新人の育成をしてくれる場所だったんです。自分の師匠にあたる先輩アニメーターさんから、仕事に関するいろいろなことを教わりました。なので、自分で何か調べて努力するというより、目の前に出された課題をとにかくこなしていくという日々でしたね。そういう環境だったので、逆に周囲の情報にふり回されることなく、一直線にがんばれたのかもしれません。

仕事をはじめて大変だなと
思ったことはありますか？

　最初のころは、なかなか睡眠時間を確保することがむずかしく、つらいと思ったことは何度もあります。アニメーターは基本的に、自分の仕事の管理を自分でしなければなりません。でも、時にはどうしても仕事が重なってしまうことがあります。特に、わたしが若手だった時代は、「1度受けた仕事は期限内に最後までやりきらないといけない」というのがアニメーターの常識だったんです。今は、制作現場の環境もだいぶ変わってきているので、スケジュールに無理がないように、調整をすることもできます。でも、当時はそういうわけにいかなかったので、いそがしい時は本当に大変でした。

この仕事のやりがいは
どんなところにありますか？

　ファンの方が作品を観て喜んでいる姿を見るのがう

知りたい

れしいですし、やりがいになっています。ネットが普及する前は反応を知る手だても少なかったのですが、最近はSNSなどで感想を目にする機会が増えました。

でも、人からの評価はいいものばかりではありません。今は、気軽にネットに自分の作品を投稿することができるので、「いいね」などの評価が気になってしまうという人もいると思います。でも、自分がうまくなるのを感じられれば、それでいいじゃないかって思うんです。絵をかく仕事って、人の評価に自分の価値をゆだねてしまったら、とてもしんどい道なんです。だから、人の意見はほどほどに、楽しく絵をかきながら、アニメーターを続けていきたいと思っています。この仕事をめざす人にもそうあってほしいですね。

カレンからの質問

> どうやったら絵がうまくなりますか？

好きな絵を、好きなだけかくことが大切だと思います。絵には大がかりな道具もいらないし、紙と鉛筆さえあれば、どこででもかくことができます。アニメ制作の現場もデジタル化が進んでいますが、作画については、紙のほうが速いこともあり、わたしは今でも紙が主流です。デジタル機器も絵をかくための道具の1つではありますが、絵の全体的なバランスをつかむためには、紙での練習が欠かせないと思っています。

わたしの仕事道具

タップ

タップは、原画の用紙などを固定するための道具です。紙には3つのあなが開いていて、それをタップにはめて使用します。何枚もの紙を固定しながらめくることで、きちんと絵が動くかを確認することができます。

みなさんへのメッセージ

何かに挑戦すると失敗してしまうこともあります。でも、失敗ははずかしいことではありません。本当に打ちやぶらないといけないのは、失敗をはずかしいと思いこんで、しりごみしてしまう自分自身です。

西位輝実さんの今までとこれから

プロフィール

1978年、大阪府出身。大阪デザイナー専門学校を卒業後、アニメ制作会社スタジオコクピットに所属。のちにフリーアニメーターとなり、『輪るピングドラム』、『ジョジョの奇妙な冒険 Part4ダイヤモンドは砕けない』、『るろうに剣心 –明治剣客浪漫譚-』などでキャラクターデザインを担当。『呪術廻戦』では総作画監督を担当するなど活躍中。

1978年誕生

4歳
幼稚園のころ、絵がかけなくてくやしがっていたのを見た先生が、絵のかき方を教えてくれた。

17歳
アニメ『新世紀エヴァンゲリオン』を見て、アニメーション制作に興味をもつ。

今につながる転機

18歳
専門学校に入り、アニメーションについて学びはじめ、アニメ制作の楽しさを知る。

アニメの制作会社に所属。制作現場でアニメーターとしての経験を積んでいき、のちにフリーとなる。

20歳

29歳
アニメ『輪るピングドラム』のキャラクターデザインを担当する。

前年の実績をきっかけに、キャラクターデザインの仕事が増え、活躍の場が広がる。

30歳

現在
45歳

作画監督やキャラクターデザインなどを手がけ、アニメーターとして数々の作品にたずさわる。

未来
50代
オリジナルのアニメ作品の企画を考えているので、実現させて放送できるようにがんばりたい。

西位輝実さんがくらしのなかで大切に思うこと
にしい てる み

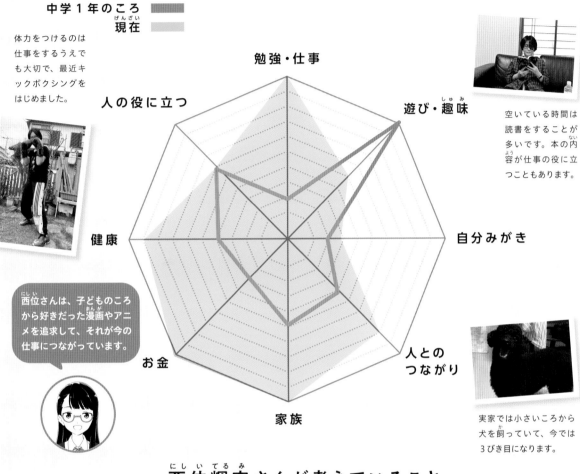

中学1年のころ
現在
げんざい

体力をつけるのは
仕事をするうえで
も大切で、最近キ
ックボクシングを
はじめました。

勉強・仕事

人の役に立つ

遊び・趣味
しゅみ

空いている時間は
読書をすることが
多いです。本の内
ない
容が仕事の役に立
よう
つこともあります。

健康

自分みがき

にしい
西位さんは、子どものころ
から好きだった漫画やアニ
まんが
メを追求して、それが今の
仕事につながっています。

お金

人との
つながり

家族

実家では小さいころから
犬を飼っていて、今では
か
3びき目になります。

西位輝実さんが考えていること
にしい てる み

すべての体験が
絵をかくことにつながる

　わたしは30代くらいから健康に気をつかうよう
になりました。体力もつけないといけないと思い、
合気道をまず習いました。次はランニングです。き
ちんと正しいフォームを調べて、走るアニメーショ
ンの参考にもしました。いそがしい時期はなかなか
時間が取れないのですが、新しい経験は仕事の糧に
けいけん　　　　　　　　　　　　かて
なります。最近はキックボクシングもはじめました。
どれも健康のためになるし、絵をかくために役に立
つのがいいなと思っています。

　体力づくりだけでなく、毎年新しいことを1つや
ることを目標にしています。これまでも、料理をす
るのに道具一式そろえたり、写真の勉強に一眼レフ
いちがん
カメラを買ったりしました。さまざまなシーンをか
くためにはいろいろな体験が必要で、生きているだ
けで絵の勉強になると感じています。

VOICE ACTOR

声優

アニメに声を
つけるって
どんな感じ？

キャラクターに
なりきるには？

どうしたら
役が
もらえるの？

いい声じゃないと
なれない？

声優ってどんなお仕事？

声だけを用いて演技を行う人のことを声優といいます。代表的な仕事としては、アニメやゲームのキャラクターに声をつけるアフレコ、洋画や海外ドラマに日本語をあてるふきかえ、企業ＣＭやテレビ番組のナレーションなどです。キャラクターやふきかえる俳優の口の動きに合わせ、声だけで感情を表現できる高い演技力と技術力がもとめられます。近年は、従来の声優の枠を超え、歌手やタレント、アイドルとして活動する人も増えてきて、仕事の幅が広がっています。また、アニメのイベントなどでステージに立つこともあります。仕事の量は個人によって異なり、人気声優になると、何本ものレギュラー作品をかかえることもめずらしくありません。

給与
（※目安）

15 万円
くらい〜

所属している事務所から給与が支払われます。多くは仕事量によって給与が上下する「歩合制」です。キャリアや人気により、収入に大きな差があります。

※既刊シリーズの取材・調査に基づく

（ 声優になるために ）

ステップ 1
専門学校や養成所、大学などで技術を学ぶ
声優としての演技の勉強ができる学校や学部、声優の養成所に入り、表現力をみがく。

ステップ 2
採用試験を受けて声優事務所に所属
多くの声優は採用試験を受けて声優事務所に所属し、声優の卵となる。

ステップ 3
オーディションを受けて役をもらう
アニメ作品などのオーディションに受かって役をもらい、声優としてデビューする。

こんな人が向いている！

演じることが好き。

感性が豊か。

コミュニケーションが好き。

文章の読解力がある。

人前に立つことが好き。

もっと知りたい

声優事務所に付属の声優養成所だと、在学中に仕事を紹介されるなど、デビューの機会が多くなります。ただし、声優養成所は入るのにオーディションがあり、未経験では合格がむずかしく、まずは基礎レッスンの多い専門学校へ行くのが近道。

声優
茅野愛衣さんの仕事

スタジオの収録用マイクの前に立ったら、台本をめくる音がしないよう気をつけ、映像に合わせてセリフを言います。

キャラクターの心情を思いえがき
どう演じるかを考える

　茅野さんは、『ソードアート・オンライン』や『戦姫絶唱シンフォギア』など、数多くのアニメ作品のキャラクターを声で演じている声優です。

　多くの場合、作品に出演するにはまず配役を決めるオーディションに参加します。茅野さんは制作会社から直接出演の依頼を受けることもありますが、いくつものオーディションにも参加していて、多い時で月に10本にものぼります。多くの声優がオーディショ

ンに参加するため、落ちて当たり前の世界です。そのため、落ちても次のオーディションに向けてすぐに気持ちを切りかえています。

　出演が決まると、演じる役について考えます。原作がある場合、茅野さんはそれを読むかどうかを判断します。物語の流れや結末をあらかじめ知らないほうが、その時々の役の感情を理解しやすいと思う場合には、あえて読まないようにしています。

　また、アニメに声をつけるアフレコの前に、各話の台本と、大まかな絵の動きや画面の切りかわりのタイミングがわかる映像（リハーサルVTR）がわたされる

ので、映像を見て（Vチェック）、自分のセリフの順番や、話しきるまでの秒数などを確認します。茅野さんは、台本を手にVチェックを行いながら、自分の演じるキャラクターの心が、話の中でどう動くのかをイメージします。そして、アニメを見る人にキャラクターの心情をよりわかりやすくとどけられるよう、どの言葉を強調して、どこで息つぎをし、どんな心情をこめるのかといった演技のプランを組み立てていきます。

　アフレコは、音声の収録専用のスタジオで行われます。収録用のマイクの前には、アフレコ用のアニメ映像を映したモニターが設置され、各キャラクターが話しはじめるタイミングをしめす合図が表示される仕組みになっています。スタジオ内では、かすかな音も収録のじゃまになってしまいます。そのため、茅野さんはスタジオに行くとき、服がすれても音が鳴らないような、やわらかい素材の服を着ていくなど、気を配っています。

　収録では、まずテストが行われます。考えていた演技プランをもとに、画面に合わせてセリフを言うと、アニメ監督や音声を取りまとめる音響監督などから、演技の方向性について指示が出ます。それをもとに演技のプランを修正し、本番の収録に臨みます。茅野さんは、こうした修正の指示にすぐに対応できるよう、プランをつくりこみすぎないようにしています。

『ソードアート・オンライン』
アニメ10周年記念イベントに
登壇した時の様子です。

ナレーションの収録では、すわりながら落ち着いた調子で、台本を読んでいきます。

イベントでは演じるキャラクターを意識してファンに接する

　茅野さんはゲームのアフレコや、テレビ番組のナレーションなども担当しています。ゲームの場合はさけぶなど感情を爆発させたセリフ、ナレーションの場合は落ち着いた語りなど、それぞれの場にふさわしい声を出すようにしています。

　また、声優は作品の看板として宣伝をまかされることも多く、時にはラジオやテレビ、ネットなどの番組に出演することもあります。茅野さんは作品を背負った場に出る時、ファンにより楽しんでもらうため、作品のテーマに合わせた話題をたくさん考えて臨むようにしています。また、自分が出ているアニメ作品のイベントにも数多く登壇します。イベントでは、作品をささえているたくさんのファンの前で舞台に立ち、ほかの声優と一緒に生アフレコや歌、朗読劇などさまざまなパフォーマンスを行います。

　アニメのイベントに来るお客さまは、茅野さんのファンであると同時に、演じるキャラクターのファンでもあります。茅野さんはイベントなどでファンの前に立つ時、自身がそのキャラクターに一番近い存在であることをふまえて、そのキャラクターの魅力や性格を強く意識して臨むようにしています。

AI'S 1DAY

茅野愛衣
_{（かやのあい）}

さんの
1日

アフレコやナレーション収録など、さまざまな活動をしている茅野さんの1日を見てみましょう。

2ひきの愛犬と朝食をとります。その後、一緒に散歩に出かけるのが日課です。

7:00
起床・身支度

8:00
朝食・散歩

23:00
就寝

22:00
台本チェック

21:00
夕食・入浴

次の日の収録に向けて台本を確認し、演技プランを考えておきます。

アフレコ用の映像をチェックして、自分のセリフのタイミングを確認しておきます。

収録に間に合うように、アフレコを行うスタジオに向かいます。

スタジオのブースに入り、アニメーションに声をふきこんでいきます。自分の出番がない時は、後ろのいすにすわって次のセリフを待ちます。

9:00
映像チェック

11:00
家を出てスタジオへ

12:00
アフレコの収録

14:00
昼食

20:00
収録終了・帰宅

17:00
ユーチューブ収録

16:00
カフェで休憩

15:00
ナレーションの収録

メイクなど準備をし、好きなお酒をテーマにしたユーチューブチャンネル「かやのみ」の収録を行います。

カフェでコーヒーを飲み、休憩をとってから、次の収録場所へと向かいます。

ナレーションでは、台本を置き、すわって収録します。台本を見ながら、ていねいに読んでいきます。

茅野愛衣さんをもっと

声優になろうと思ったきっかけを教えてください

わたしは声優になる前、エステティシャンのお仕事をしていました。子どものころから人とかかわることが大好きで、人をいやせるような仕事がしたいと思っていたのです。声優という仕事に興味をいだいたのはエステの仕事についてからのことでした。帰宅後に見ていた『ARIA』というアニメ作品がとても美しく、この作品を見ることで心が安らぎました。もしかしたら、アニメ制作にかかわり、作品をたくさんの人にとどけることで、より多くの人の心をいやすことができるのではないかと思うようになりました。

でもアニメ制作については詳しくないし、自分にできることは何だろうと考え、声であれば参加できるかもしれないと思いました。当時は演技経験もありませんでしたし、今思うと大それた発想なのですが、それが声優をめざすきっかけになりました。

声優になるためにどんな努力をしましたか?

まずは養成所に通うことを決め、だめもとで受けたオーディションに受かって入所できました。養成所のレッスンは週に1回だったのですが、まわりは演技経験者ばかりだったこともあって、その1回を発表会だと思ってたくさん練習しました。その間もエステの仕事を続けていたので、接客のかたわら、タオルを干しながらセリフをなめらかに言う練習をしていました。

そして、1年間のレッスンを終えたあと、無事に事務所に所属することができました。だれでも入れるわけではないので、自分はラッキーだったと思います。でも、事務所に入ることはゴールではなくて、声優としてのスタートにすぎません。本当に自分が声優に向いているのかはわからなくて、1年経っても仕事が決まらなかったらあきらめようと思っていました。でも、幸いなことに、デビューからほどなくして、いくつかの作品への出演が決まり、声優として生きていく決心を固めることができました。

声優という仕事のやりがいはどんなところですか?

アニメーション制作には、たくさんの方がかかわっています。わたしたち声優の仕事は、映像があってはじめて成立します。アニメーターさんたちのかいた絵に、声優が声をあて、キャラクターができあがります。そんなふうに、みんなで一緒に1つの作品をつくりあげていくことが、わたしは大好きです。そして、その作品が長い年月を経ても、この世界に残り続けることが、声優という仕事の大きなやりがいの1つだと感じています。

声優は、番組の宣伝などで表舞台に立つことが多いのですが、本当は参加しているスタッフのみなさんと

知りたい

一緒に出たいと思っています。それだけ、作品やキャラクターに情熱を注いでいる人が、アニメ制作の現場にはたくさんいるんですよ。

> デビュー当時と現在で
> 変わったことはありますか？

はじめは、たった一言のセリフでも何度も何度も練習して本番に臨んでいました。一見、いいことのように感じるのですが、練習をしすぎてしまうと、本番で修正がきかなくなってしまうことに気づきました。今は、必要な練習量がわかるようになり、演技プランをいくつか用意して、現場で臨機応変に対応できるように心がけています。

カレンからの質問

> 「いい声」じゃないと
> 声優にはなれないですか？

声優に大切なことは、「いい声」を出すことではなく、キャラクターの心情になって心から話すことだと思っています。アニメに登場するキャラクターには、現実と同じように、いろいろな個性があって、全員「いい声」をもっているわけではありません。声をつくることより、それまで経験したできごとをうまく演技に活かせられるかが重要です。人としての経験を重ねることで、自然と声にも変化が表れますよ。

わたしの仕事道具

自分の体

自分自身の体が一番大切な仕事道具だと思っています。声優にとっての体は、音楽家にとっての楽器のようなものなんです。頭のてっぺんから足の先、そして体に宿っている精神に至るまで、何が欠けてもいいお芝居につながらないと思っています。

みなさんへの
メッセージ

声優は、人生で経験したすべてのことが役に立つ仕事だと思います。遊びや勉強、家族やきょうだい、友だちとの会話、そういった日常生活のすべてが、役を演じるうえでの大切な引き出しになっていきます。

茅野愛衣さんの今までとこれから

プロフィール

1987年、東京都生まれ。人をいやす仕事をしたいと美容の仕事につき、アニメでも人がいやせると知り声優に転身。『あの日見た花の名前を僕達はまだ知らない。』の本間芽衣子役、『デリシャスパーティ♡プリキュア』の菓彩あまね／キュアフィナーレ役など、数々の人気キャラクターを演じています。

1987年誕生

17歳

人をいやす仕事がしたいと思い、美容学校に通うかたわら、リラクゼーション施設で母の手伝いをする。

今につながる転機

20歳

美容の仕事をするなか、『ARIA』というアニメを見て心がいやされたことで、声優という仕事に興味をもつ。

声優事務所プロ・フィットの養成所に入り、エステの仕事をしながら週1回のレッスンに通う。

21歳

22歳

プロ・フィット所属の声優となり、多くの作品のオーディションを受けながら、美容の仕事も続ける。

アニメ『あの日見た花の名前を僕達はまだ知らない。』で初の主演キャラクターを演じ、声優の仕事に専念する決心をする。

23歳

28歳

現在所属している大沢事務所に移籍。数々の人気作品に出演し、イベントにも参加する。

現在

人気声優として多くの作品に参加し、ユーチューブチャンネルの開設など、活躍の場をさらに広げている。

35歳

シンフォギアライブ2020→2022/©KING RECORD

未来

80歳

大好きな犬に囲まれて、のんびりくらしていたい。

茅野愛衣さんがくらしのなかで大切に思うこと

かやのあい

中学1年のころ ▰
現在 ▰

アニメの音楽ライブの際に、自分用のイヤモニ（必要な音を聞きとりやすくするイヤホン）をつくってもらいました。写真は耳の型をとったものです。

勉強・仕事

人の役に立つ

遊び・趣味

茅野さんは、日本だけでなく海外でも人気のあるアニメ作品に出演されています。

健康

自分みがき

お金

人とのつながり

愛犬とカフェに行くなど、一緒にすごす時間を大切にしています。

家族

アメリカで行われたアニメイベントに出たあと、滞在先の街を観光しました。

茅野愛衣さんが考えていること

気持ちの切りかえが大切。
自分の時間で心をリセット

わたしたち声優は、1日のなかでもたくさんのキャラクターを演じ分けることがあります。明るいキャラクターもいれば、ときに気持ちが重くしずみこんでしまうような人物もいます。同じキャラクターでも、笑っているシーンと泣いているシーンを、連続で演じることもあるんです。目に見える肉体の演技がない分、声優のアフレコ現場では、よりすばやい感情の切りかえがもとめられます。

意識的に心を動かす仕事だからこそ、声優にとって精神面を健康にたもつことは大切だと思います。また、前の役を引きずらずに気持ちを切りかえていくために、収録後や仕事の合間に、自分の時間をもつように心がけています。たとえば「喫茶店でコーヒーを飲む」といったことで、自分の心をリセットするようにしています。

ボカロP

ボカロって
何のこと？

どんな勉強を
したら
いいの？

楽器が演奏
できなくても
なれるの？

自分で
歌うことも
あるの？

ボカロPってどんなお仕事？

「ボーカロイド（ボカロ）」はヤマハが開発した歌声を合成する技術で、パソコンにメロディや歌詞を入力すると、人工的なキャラクターが歌うソフトウェアのことです。このボカロを使って自身で作詞作曲し、アレンジを行って曲をつくり、ユーチューブなどのサイトで動画を発表するなどして創作活動を行うアーティストのことを、ボカロPとよびます。Pは、「プロデューサー」の頭文字。ボカロPの活動はさまざまで、ボカロPとしての活動を行いながら、同時に歌手やバンドなどの形で、つくった曲を自分でも歌う人もいます。また、ほかのアーティストにボカロ曲を提供したり、自らイラストをかいて、曲に合わせた動画をつくるボカロPもいます。

給与
（※目安）

15万円
くらい〜

動画サイトに投稿した楽曲の再生回数や知名度などによって、収入は大きく変わります。人気が上がると、仕事の幅も広がり、収入のアップが望めます。

※既刊シリーズの取材・調査に基づく

(ボカロPに なるために)

ステップ 1
音楽制作の知識を身につける
専門学校や本、インターネットなどで、作曲や編曲、楽器に関する知識や技術を学ぶ。

ステップ 2
音楽制作ソフトを使い、曲をつくる
音楽制作のソフトを使って作曲や編曲、作詞をしてボカロ曲をつくる。

ステップ 3
曲を発表する
制作したボカロ曲を投稿したり、事務所に所属して活動したりする。

こんな人が向いている！

音楽を聴くのが好き。
楽器の演奏が好き。
パソコン操作が得意。
好奇心がある。
探求心がある。

もっと知りたい

ボカロ曲をつくるためには、ボカロの知識と技術のほか、パソコンで音楽制作（DTM）をするためのDAWというソフトウェアが必要です。楽器が演奏できたり、投稿する動画の制作ができたりすると、活動の幅が広がり強みになります。

ボカロP
メートルピー
40mPさんの仕事

曲をつくり、ボーカロイドの歌声を入れる40mPさんの作業場です。楽器やマイク、パソコンなどの機材がそろっています。

ふとした瞬間にうかんだ
アイデアを曲に仕上げていく

40mPさんは、自分で自由にボカロ曲をつくって発表したり、依頼を受けてアニメやゲームなどに曲を提供したりしています。

40mPさんにとって、曲のアイデアが生まれる瞬間は、お風呂に入っている時や電車に乗っている時など、日常生活のなかにあります。口ずさんで気持ちいいメロディや歌詞が思いうかぶと、パソコンの音楽制作ソフトにメロディを入れ、伴奏など加えて編曲（ア

レンジ）します。編曲を終えたら、歌詞と曲をボカロのソフトに入れて歌わせて、楽曲として完成させていきます。

ボカロはどんな曲でも歌えますが、40mPさんは、自分で歌ってみて気持ちいいかどうかを意識してメロディをつくります。自分が歌って気持ちのいい曲なら、ほかの人も気持ちよく聴けると信じて、自分が歌う時の感覚を大切にしているのです。実際にボカロに歌わせてみて、カラオケなどで歌いにくそうだったり、歌詞が聴きとりにくかったりすれば、歌詞やメロディを考え直したりもします。

40ｍＰさんが曲をつくる時に使う楽器は主にピアノです。ピアノで曲の骨組み（ほねぐみ）ができると、そこにドラム、ベース、ギター、シンセサイザーなどの音を入れて、さらにボカロの歌声を入れていきます。

使いたい楽器が演奏（えんそう）できなくても、いろいろな楽器の音を再現（さいげん）できるのが、パソコンを使った音楽制作（せいさく）の魅力（みりょく）です。しかし40ｍＰさんは、その楽器ではこの高さの音は出せない、このフレーズでは管楽器で息つぎができない、といった最低限（さいていげん）の楽器の知識（ちしき）は必要だと考えています。生の演奏を意識（いしき）したほうが説得力（せっとくりょく）のある曲ができるというこだわりがあるのです。

曲が完成したら、ユーチューブなどに投稿（とうこう）するための動画をつくります。早くとどけられるようスピードを重視（じゅうし）して、１人でつくる時は自分でイラストをかき、曲づくりから半月ほどで完成します。また、特に物語性（せい）を動画で表現（ひょうげん）したい曲の場合は、歌詞（かし）や曲の構成（こうせい）が決まった段階（だんかい）でほかのクリエイターにイラストや動画を依頼（いらい）するようにしています。その場合は、動画に使うイラストの枚数（まいすう）が多くなるので、完成までだいたい数か月から半年ほどかかります。

動画を投稿（とうこう）後、コメントなどの感想にも目を通しますが、そのまま曲づくりに取り入れることはありません。自分が表現（ひょうげん）したい曲をつくり、それを聴いた人に気に入ってもらえることを大切にしています。

つくったメロディと歌詞（かし）をボカロのソフトウェアに入力して、キャラクターに歌わせていきます。

曲を提供（ていきょう）する時は、アーティストの歌を聴（き）いて、
自分のイメージに近づくよう歌い方の指示（しじ）をします。

アニメやゲーム、アーティストに楽曲を提供（ていきょう）する

40ｍＰさんは、依頼（いらい）を受けてアニメやゲームなどの主題歌や挿入歌（そうにゅうか）をつくるほか、ほかのアーティストへ曲の提供（ていきょう）もしています。アニメやゲームの場合、これまでに使われた曲やシナリオ、場面や展開（てんかい）を説明する絵コンテなどを確認（かくにん）し、世界観やキャラクターのイメージをしっかりと理解（りかい）してつくります。曲が思いうかんだら、まず曲のメインの部分を聴（き）いてもらって、方向性（ほうこうせい）を確認（かくにん）します。数回修正して了解（りょうかい）が得られたら、要望を聞きながらすべての部分をつくって完成させます。

アーティストに曲を提供（ていきょう）する場合は、「恋（こい）の歌」といった大まかな依頼（いらい）もあれば、伝えたいメッセージを詳（くわ）しく伝えられることもあります。アーティストは、40mPさんの音楽性（おんがくせい）にひかれて依頼（いらい）してくれているので、40ｍＰさんが表現（ひょうげん）したいことを考え、自分らしい曲をつくることを大事にしています。

曲ができると、アーティストのレコーディングにも立ち会います。仮歌（かりうた）はボカロでつくっているので、実際（さい）に歌うとイメージにずれが生じることがあるのです。自分のイメージに近づくよう、歌い方などを修正（しゅうせい）してもらいながら完成させます。

40mP さんの 1日

メートルピー

作詞や作曲をしたり、レコーディングに立ち会ったりする40mPさんの1日を見てみましょう。

家族との時間を大切にしていて、どんなにいそがしい日でも、朝食は家族で食べるようにしています。

健康のことも考えて、朝食後は散歩に行くようにしています。

6:30
起床・朝食
（き しょう）

8:00
散歩

24:30
就寝
（しゅうしん）

22:00
帰宅・編曲
（き たく へんきょく）

19:00
調整した曲の確認
（かくにん）

午前中に作曲した楽曲にアレンジをして、楽曲を完成させます。

前にレコーディングした曲の調整が終わったので、仕上がりをチェックします。

9:15

13:00

仕事のメールを確認して、返信します。

作詞・作曲は、一番集中できる朝にすることが多いです。

楽曲を提供したアーティストのレコーディングに立ち会うため、スタジオに向かいます。

アーティストやスタッフと、レコーディングの打ち合わせをします。

9:00
メール確認

9:15
作詞・作曲

12:00
移動・昼食

13:00
到着・打ち合わせ

18:30
夕食

18:00
最終チェック

17:30
ハモリの収録

13:30
メインパートの収録

レコーディングが終わったら最終チェックをして完了です。レコーディングした歌は、エンジニアが音や声の調整をします。

メインパートの収録が終わると、ハモリの部分を収録します。

歌を聴いて、自分のイメージとちがうところは歌い直してもらいます。ピアノを弾いて、歌い方を確認してもらうこともあります。

22:00

13:30

INTERVIEW インタビュー

40mPさんをもっと
(メートルピー)

この仕事をはじめたのは どうしてですか？

最初は広告会社ではたらきながら、趣味でボカロ曲を制作して動画サイトに投稿していました。その動画の再生回数が増え、だんだんと楽曲提供などの仕事の依頼がくるようになったのです。テレビ番組でわたしのボカロ曲が使われると依頼が増えていそがしくなり、会社を辞めてボカロPだけでやっていくことを決めました。会社を辞める時は、将来への不安がありましたが、音楽の幅を広げることに挑戦したいという気持ちのほうが強かったので、ボカロPでがんばることにしました。

ボカロPになるために やっておくといいことは？

ボカロ曲はパソコンでつくるので、パソコンのあつかいに慣れておくと役に立ちます。

また、音楽を理解するために楽器の演奏ができたほうがいいですね。パソコンには、キーボードで演奏して曲を入れることが多いので、ピアノなどの鍵盤楽器が弾けるといいと思います。マウスでも音符を入力できますが、演奏しながらのほうが速く、リアルに曲をつくれます。また、パソコンのソフトで再現するのがむずかしいギターが弾けると、アレンジの幅が広がります。楽器の仕組みや弾き方を知ることが、いろいろな作風の音楽をつくることにつながります。

仕事をしていて苦労すること、 つらいと思うことはありますか？

音楽制作に正解はありません。依頼を受けたあと、なかなかメロディや歌詞が思いつかないのはつらいですね。数日間まったく作業が進まないことがあり、思いつくまでひたすら考えます。何も出なかったら、とりあえずなやまずに夜は寝て、できるだけ次の早朝に作業するようにしています。朝のほうがアイデアがうかびやすいからです。その曲で何を言いたいかが見えてくると、あとはスムーズに曲がつくれます。

どういうところに やりがいを感じていますか？

聴いている人が自分のつくった曲を気に入ってくれて、「よかった」「歌詞が響いた」などのうれしい感想をもらった時などに、やりがいを感じます。

感想はインターネット上のコメントだけではありません。学校で音楽制作やボカロの講師をした時に、学生さんから「40mPさんのあの曲がとても好きです」と声をかけてもらったり、曲を提供したアーティストの方から「小学生のころから聴いていて、一緒に仕事したいと思ってました」と言ってもらったりしたことがありました。とてもうれしかったですね。

知りたい

印象に残っているできごとを
教えてください

　自分の曲をステージでオーケストラやバンドと一緒に生演奏するコンサートを開催したことです。いつもは、部屋の中で1人でつくっていたフレーズやメロディを、演奏者や歌い手など、何十人もの人と生演奏ができるようにアレンジし直しました。本番ではわたしもステージに立ったのですが、一体感を感じる貴重な経験でした。ボカロとの出あいがたくさんの人たちとの出あいにつながり、たくさんの人と一緒に音楽をとどける楽しさを知ることができて、幸せを感じました。

カレンからの質問

**歌がうまくなくても
ボカロPになれるの？**

　自分で歌うのが苦手でも、音楽をたくさん聴いて歌の表現の仕方を理解すれば、ボカロの歌に表情を加えることができます。「自分の曲をボカロではない歌い手に歌ってほしい」と思ったら、インターネットなどで仲間をさがすこともできますし、自分で歌えないからこそだれかと一緒に音楽制作をすることができるといってもいいですね。歌がうまいかどうかよりも歌を聴くこと、楽器を演奏することが好きかどうかのほうが大事ですよ。

わたしの仕事道具

電子
キーボード

　電子キーボードは、曲づくりに欠かせません。曲を思いついた時にいつでも演奏してパソコンに入れられるよう、キーボードが収納できるデスクをつくりました。パソコンの前にキーボードをすぐ引き出せるので便利です。

みなさんへの
メッセージ

　作曲をしたいと思ったら、短くてもいいので曲をつくりだれかに聴いてもらいましょう。そうすると達成感があり、「次は長い曲をつくろう」「歌詞をつけてみよう」とできることがどんどん増えていきます。

40mPさんの今までとこれから

メートルピー

プロフィール

1986年、岡山県生まれ。大学卒業後にボカロの魅力を知り、広告会社ではたらきながらボカロPとして活動。制作した曲がNHK「みんなのうた」で史上初のボカロ曲としてオンエアされました。現在は、楽曲づくりや楽曲提供のほか、時々学校で講師をしています。

1986年誕生

11歳
> 映画『もののけ姫』の音楽に感動し、独学でピアノをはじめる。科学が好きで、将来の夢は物理学者だった。

15歳
> アーティストのゆずの曲をよく聴くようになり、あこがれてアコースティックギターで歌をつくりはじめる。

18歳
> 大学の理工学部で音楽情報処理などを学ぶ。パソコンでインスト曲（歌のない音楽）をつくる趣味に没頭する。

今につながる転機

22歳
> 広告会社に入社。好きな音楽を続けるためにパソコンで音楽制作を勉強中、ボカロの曲を聴いて衝撃を受け、趣味でボカロPの活動をはじめる。

24歳
> つくったボカロの曲が反響をよび、大手のレコード会社からボカロのCDアルバムを出す。

27歳
> 25歳で結婚。第1子をさずかり、この年に会社を退職して専業のボカロPになる。はじめてアニメのオープニング曲のプロデュースも。

30歳
> アニメやゲームなどへの楽曲提供の依頼が増える。

現在

37歳
> クリエイターとコラボして曲をつくったり、アニメやゲーム、アーティストに楽曲提供をしたりしている。

未来

45歳
> 息子がパソコンで作曲をしはじめているので、成長したら息子とコラボして一緒にボカロの曲をつくってみたい。

40mPさんがくらしのなかで大切に思うこと

<ruby>40mP<rt>メートルピー</rt></ruby>さんがくらしのなかで大切に思うこと

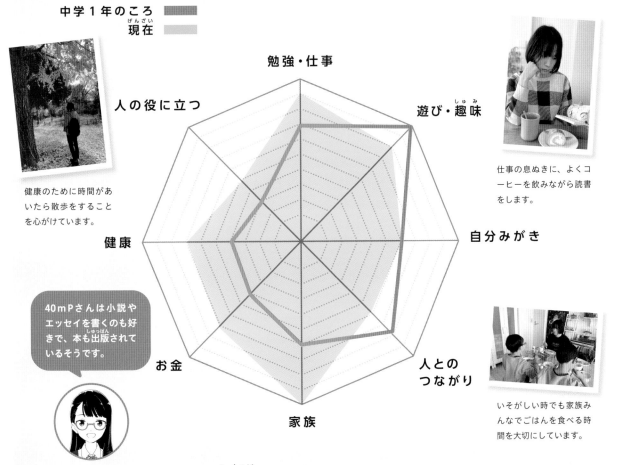

中学1年のころ
現在（げんざい）

勉強・仕事

遊び・趣味（しゅみ）

自分みがき

人の役に立つ

健康

お金

人との
つながり

家族

健康のために時間があいたら散歩をすることを心がけています。

仕事の息ぬきに、よくコーヒーを飲みながら読書をします。

40mPさんは小説やエッセイを書くのも好きで、本も出版（しゅっぱん）されているそうです。

いそがしい時でも家族みんなでごはんを食べる時間を大切にしています。

40mＰさんが考えていること

<ruby>40mＰ<rt>メートルピー</rt></ruby>さんが考えていること

生活リズムを整えると仕事にもよい影響（えいきょう）がある

　好きなことを仕事にしているせいか、以前は作業をはじめると何時間も集中してしまい、気がつくと睡眠（すいみん）や食事を忘（わす）れてしまうことがよくありました。それが変わったのは子どもができてからです。起きる時間、食べる時間、寝（ね）る時間を決めて毎日をすごそうと心がけていたら、体形もすっきりとしてきて以前より健康になったのです。体調がよいと気持ちよく仕事ができることにも気づいて、生活リズムを整える大切さを実感しました。

　また、基本的（きほんてき）にボカロＰの仕事は自宅（じたく）でしているので、休日はあえて体を動かしたり運動することを大事にしています。家族と一緒（いっしょ）に食事をしたり子どもとの時間をすごしたりしながら、自分の時間も大切にして、好きな仕事に向き合うことができる今の生活を大事にしたいと思っています。

ジブン未来図鑑　番外編

アニメが好き！
な人にオススメの仕事

この本で紹介した、イラストレーター、アニメーター、声優、ボカロP以外にも、「アニメが好き！」な人たちにオススメの仕事はたくさんあります。ここでは番外編として、関連のある仕事をさらに紹介していきます。

▶ 職場体験完全ガイド **5** p.3 とあったら
「職場体験完全ガイド」（全75巻）シリーズの5巻3ページに、その仕事のくわしい説明があります。学校や図書館にシリーズがあれば、ぜひチェックしてみてください。

アニメ監督

（ こんな人が向いている！ ）
・リーダーシップがある
・人とのコミュニケーションが好き
・責任感が強い

（ こんな仕事 ）
　アニメ監督は作品の方向性を脚本、演出、絵コンテなどのスタッフと共有し、制作のすべての工程を指揮して責任をもつ仕事です。自ら絵コンテをつくることもあります。作画や脚本、声優のキャスティングに至るまで、すべての権限をもちます。

（ アニメ監督になるには ）
　大学・専門学校を経て、アニメ制作会社に就職します。はじめはアニメーターとしてはたらき、経験と実績を認められるとアニメ監督にキャリアアップします。

▶ 職場体験完全ガイド **35** p.7

アニメプロデューサー

（ こんな人が向いている！ ）
・チームで何かをやりとげるのが得意
・お金や時間を管理できる
・行事やイベントなどの企画を考えるのが好き

（ こんな仕事 ）
　アニメのプロジェクト全体の司令塔となるのがアニメプロデューサーです。アニメの企画を考え、アニメ監督やその下で制作にたずさわるスタッフの選定を行います。また、資金の調達や、制作スケジュールの管理、どのように広告を行うかなど、プロジェクト全体をまとめていきます。

（ アニメプロデューサーになるには ）
　アニメ制作の基本を学べる専門学校へ進学し、アニメ制作会社に就職します。就職後、すぐにプロデューサーになれるわけではありませんが、アシスタント業務から経験を重ねて、プロデューサーへとキャリアアップしていきます。

制作進行

(こんな人が向いている！)
・いつも落ち着いている
・物事を時間までにきっちりやりきれる
・まわりの人に気配りができる

(こんな仕事)
　制作進行とは、アニメの制作を円滑に進めるためにはたらく人のことで、制作がスケジュール通りに進むように各部署のスタッフの間に立って調整を行います。また、限られた予算とスケジュールのなかで、アニメーターを確保することも大事な仕事です。作画の技術はもとめられないので、絵がうまくなくてもアニメの世界ではたらくことができます。

(制作進行になるには)
　大学やアニメ関連の専門学校卒業後、アニメ制作会社への就職をめざします。制作会社のホームページにあるエントリーページから問い合わせたり、求人サイトから応募して就職する場合が多いです。

彩色

(こんな人が向いている！)
・図画工作や美術が得意
・ファッションセンスに自信がある
・デジタル機器を使うのが好き

(こんな仕事)
　アニメーターがかいた絵に、パソコンのソフトで色をつけていく仕事です。登場キャラクターや小道具などに指定された色を塗っていきます。経験を積んで実力を認められると、そのアニメでどの部分にどの色を塗るかを決定する、色彩の総合責任者「色彩設計」にキャリアアップすることができます。

(彩色の仕事をするには)
　色彩や配色についての基本的な知識を身につけていることがもとめられます。アニメーション制作について専門学校や美術系の大学で学び、その後アニメーション制作会社が募集する彩色の求人に応募して就職します。

音響

(こんな人が向いている！)
・音楽を聴くのが好き
・映画やドラマを観るのが好き
・自分の考えをわかりやすく伝えられる

(こんな仕事)
　声優がアニメ作品にセリフを録音する「アフレコ」の現場の担当者です。同じセリフでもはげしく言ったり、優しく言ったりさまざまなバリエーションがあります。音響監督にステップアップすると、声優に声でどのような演技をすればよいかを伝え、演出をします。また、作品に使われる音楽や効果音など、音の全体にかかわる制作を監督します。

(音響の仕事をするには)
　音響制作会社の募集に応募して就職します。必要な資格はありませんが、大学や専門学校などで音響に関する知識・技術を身につけておくと、就職に有利です。

美術

(こんな人が向いている！)
・絵をかくのが得意
・美しい風景をながめるのが好き
・こつこつと作業をするのが得意

(こんな仕事)
　美術は、キャラクター以外の背景をかく仕事です。最初は背景の絵をかく「背景」の仕事からはじまり、そのもととなる具体的なイメージを線画でかいて決める「美術設定」、作品全体の世界観を示す美術ボードとよばれる色付きの絵をかき、背景の責任者となる「美術監督」へステップアップしていきます。

(美術の仕事をするには)
　美術系の大学や専門学校を卒業し、背景部門のあるアニメ制作会社や背景の制作プロダクションに就職します。

▶職場体験完全ガイド ❸ p.27

CGデザイナー

（ こんな人が向いている！ ）
・フィギュアやプラモデルが好き
・パソコンを使うのが好き
・根気強さや体力がある

（ こんな仕事 ）
　コンピューターで立体をえがき、動かして動画を作成するのが、アニメにおけるCGデザイナーの仕事です。平面のデッサン画を立体にする「モデリング」、光の当たり方を調節する「ライティング」、表面の質感を決める「テクスチャリング」の作業でCGモデルを動かしてアニメの動画をつくります。

（ CGデザイナーになるには ）
　デザイン系専門学校や大学を卒業し、アニメや映像の制作会社やデザイン事務所に採用されて仕事につくのが一般的です。

▶ 職場体験完全ガイド ㉟ p.35

アニメ脚本家

（ こんな人が向いている！ ）
・映画やドラマを観るのが好き
・ものごとを空想するのが好き
・集中力に自信がある

（ こんな仕事 ）
　アニメの脚本を書くのが仕事です。アニメ監督などが考えたおおまかな話の流れ（プロット）にそってキャラクターのセリフを考え、放送時間や上映時間のなかにおさまるように物語としてまとめていきます。アニメ監督やアニメプロデューサーからのチェックを受けて、何度も修正をほどこして脚本を完成させます。

（ アニメ脚本家になるには ）
　大学やアニメ関連の専門学校などを卒業し、アニメ制作会社に就職します。また脚本のコンクールやコンテストに応募し、受賞をきっかけに仕事を受けるようになるケースもあります。

漫画家

（ こんな人が向いている！ ）
・漫画を読んだり書いたりするのが好き
・ストーリーを考えるのが得意
・集中力がある

（ こんな仕事 ）
　絵をかくだけでなく、キャラクターをつくり、世界観を設計し、物語を生み出すのが漫画家の仕事です。プロット・ネーム・下がき・ペン入れ・仕上げという工程を経て漫画を完成させます。この一連の流れを進めながら、担当編集者と打ち合わせ、修正を重ねて作品を完成させていきます。

（ 漫画家になるには ）
　出版社に作品をもちこんだり、出版社が行っている新人賞へ応募し、新人賞などの獲得からデビューをめざす方法が一般的です。

▶ 職場体験完全ガイド ❾ p.15

漫画の編集者

（ こんな人が向いている！ ）
・とにかく漫画が好き
・ものごとを客観的に見ることができる
・深い信頼関係を築くことができる

（ こんな仕事 ）
　漫画家と一緒に作品のアイデアを考え、よりよい作品をつくるためのサポートを行います。ストーリーを漫画家とともに考え、展開やコマ割り、セリフなどをチェックして、よりよくなるようにアドバイスをします。また、印刷に間に合うようスケジュールの調整・管理も行います。新人漫画家をさがして育成することも大きな役割です。

（ 漫画の編集者になるには ）
　特に必要な資格はありません。大学卒業後、漫画の雑誌や単行本を刊行している出版社や、漫画を専門に編集している編集プロダクションの採用試験に合格して採用されます。

ライトノベル作家

（こんな人が向いている！）

・小説を読んだり書いたりするのが好き
・ものごとを空想するのが好き
・発想力に自信がある

（こんな仕事）

　主に10〜20代をターゲットにしたライトノベルを執筆する仕事です。恋愛やファンタジー、学園生活などをテーマにした物語が多く、アニメ・ゲーム・漫画の原作に使われるなど、小説の枠を越えた展開が盛んに行われています。近年では、ウェブ小説や電子書籍など、作品発表の場が広がっています。

（ライトノベル作家になるには）

　必要な資格や学歴はありません。デビューには出版社が主催する新人賞に応募して賞をとる、出版社に作品を送って評価してもらう、ウェブなどで作品を発表して人気を得るなどの方法があります。

アニメショップスタッフ

（こんな人が向いている！）

・アニメや漫画、ゲームが好き
・人と話すのが好き
・世の中の流行が気になる

（こんな仕事）

　接客をはじめ、キャラクターグッズの仕入れや在庫の管理、店舗のディスプレーの作成、店舗のフェアなどの特典・独占販売商品の企画や製作、オンラインショップの運営など、幅広い仕事があります。また、店によってはお客さまから中古のアニメグッズを買い取る仕事もあります。

（アニメショップスタッフになるには）

　アニメショップを運営する会社の募集に応募してはたらきます。アニメが好きで、アニメの知識が豊富であれば、特に必要な資格はありません。企業によりもとめられる学歴は異なりますが、大学やアニメ関連の専門学校を卒業しておくと有利です。

「職場体験完全ガイド」で紹介した仕事

「アニメが好き！」な人が興味を持ちそうな仕事を PICK UP!

小説家 ▶ ❾ p.3
雑誌編集者 ▶ ㉕ p.35
書店員 ▶ ㊲ p.3

こんな仕事も…

アニメ制作会社スタッフ／声優プロダクションスタッフ／アニソン作曲家／アニソン歌手／フィギュア作家／プロモデラー

関連のある仕事や会社もCHECK!

関連のある仕事

歌手 ▶ ⑳ p.27　映画監督 ▶ ㊵ p.13
ラジオパーソナリティ ▶ ㊼ p.15

関連のある会社

キングレコード ▶ ㉝ p.17　TBSテレビ ▶ ㊾ p.5
アマゾン ▶ ㉞ p.37　講談社 ▶ ㊿ p.17
日本出版販売 ▶ ㉟ p.37　ABEMA ▶ ㉞ p.5

アニメにかかわる仕事は幅広い分野にまたがっているんだね。

取材協力

株式会社 A-Sketch
株式会社 インクストゥエンター
株式会社 大沢事務所
株式会社 ライデンフィルム
studio MSR
STUDIO SIERRA

スタッフ

イラスト	加藤アカツキ
	sakiyama
ワークシート監修	株式会社 NCSA
	安川直志（キャリアデザインアドバイザー）
	安川志津香（キャリアデザインアドバイザー）
編集・執筆	青木一恵
	安藤千葉
	嘉村詩穂
	田口純子
	若林理央
校正	有限会社 くすのき舎
	菅村薫
	別府由紀子
撮影	大森裕之
	南阿沙美
デザイン	パパスファクトリー
編集・制作	株式会社 桂樹社グループ
	広山大介

ジブン未来図鑑 職場体験完全ガイド+ ⑨ アニメが好き！

イラストレーター・アニメーター・声優・ボカロP

発行　2023年4月　第1刷

発行者　千葉 均
編集　柾屋 洋子
発行所　株式会社 ポプラ社
　　　　〒102-8519
　　　　東京都千代田区麹町4-2-6
ホームページ　www.poplar.co.jp（ポプラ社）
　　　　　　　kodomottolab.poplar.co.jp（こどもっとラボ）
印刷・製本　図書印刷株式会社

©POPLAR Publishing Co.,Ltd. 2023
ISBN978-4-591-17668-9
N.D.C.366／47P／27cm
Printed in Japan

あそびをもっと、
まなびをもっと。

こどもっとラボ

自分の未来を「好き」から選ぶ、キャリア教育の新定番！

ジブン未来図鑑 職場体験完全ガイド＋ N.D.C.366（キャリア教育） 全10巻

第 1 期

❶ **食べるのが好き！**
パティシエ・シェフ・すし職人・料理研究家

❷ **動物が好き！**
獣医・トリマー・動物飼育員・ペットショップスタッフ

❸ **おしゃれが好き！**
ファッションデザイナー・ヘアメイクアップアーティスト・スタイリスト・ジュエリーデザイナー

❹ **演じるのが好き！**
俳優・タレント・アーティスト・ユーチューバー

❺ **デジタルが好き！**
ゲームクリエイター・プロダクトマネージャー・ロボット開発者・データサイエンティスト

第 2 期

❻ **スポーツが好き！**
サッカー選手・野球監督・eスポーツチーム運営・スポーツジャーナリスト

❼ **子どもが好き！**
小学校の先生・保育士・ベビーシッター・スクールソーシャルワーカー

❽ **医療が好き！**
医師・看護師・薬剤師・診療放射線技師

❾ **アニメが好き！**
イラストレーター・アニメーター・声優・ボカロP

❿ **宇宙が好き！**
宇宙飛行士・星空写真家・宇宙開発起業家・天文台広報

仕事の現場に完全密着！ 取材にもとづいた臨場感と説得力!!

職場体験完全ガイド N.D.C.366（キャリア教育） 全75巻

第 1 期

❶ 医師・看護師・救急救命士 ❷ 警察官・消防官・弁護士 ❸ 大学教授・小学校の先生・幼稚園の先生 ❹ 獣医師・動物園の飼育係・花屋さん ❺ パン屋さん・パティシエ・レストランのシェフ ❻ 野球選手・サッカー選手・プロフィギュアスケーター ❼ 電車の運転士・パイロット・宇宙飛行士 ❽ 大工・人形職人・カーデザイナー ❾ 小説家・漫画家・ピアニスト ❿ 美容師・モデル・ファッションデザイナー

第 2 期

⓫ 国会議員・裁判官・外交官・海上保安官 ⓬ 陶芸家・染めもの職人・切子職人 ⓭ 携帯電話企画者・ゲームクリエイター・ウェブプランナー・システムエンジニア（SE） ⓮ 保育士・介護福祉士・理学療法士・社会福祉士 ⓯ 樹木医・自然保護官・風力発電エンジニア ⓰ 花卉農家・漁師・牧場作業員・八百屋さん ⓱ 新聞記者・テレビディレクター・CMプランナー ⓲ 銀行員・証券会社社員・保険会社社員 ⓳ キャビンアテンダント・ホテルスタッフ・デパート販売員 ⓴ お笑い芸人・俳優・歌手

第 3 期

㉑ 和紙職人・織物職人・蒔絵職人・宮大工 ㉒ 訪問介護員・言語聴覚士・作業療法士・助産師 ㉓ 和菓子職人・すし職人・豆腐職人・杜氏 ㉔ ゴルファー・バレーボール選手・テニス選手・卓球選手 ㉕ テレビアナウンサー・脚本家・報道カメラマン・雑誌編集者

第 4 期

㉖ 歯科医師・薬剤師・鍼灸師・臨床検査技師 ㉗ 柔道家・マラソン選手・水泳選手・バスケットボール選手 ㉘ 水族館の飼育員・盲導犬訓練士・トリマー・庭師 ㉙ レーシングドライバー・路線バスの運転士・バスガイド・航海士 ㉚ スタイリスト・ヘアメイクアップアーチスト・ネイリスト・エステティシャン

第 5 期

㉛ ラーメン屋さん・給食調理員・日本料理人・食品開発者 ㉜ 検察官・レスキュー隊員・水道局職員・警備員 ㉝ 稲作農家・農業技術者・魚屋さん・たまご農家 ㉞ 力士・バドミントン選手・ラグビー選手・プロボクサー ㉟ アニメ監督・アニメーター・美術・声優

第 6 期

㊱ 花火職人・筆職人・鋳物職人・桐たんす職人 ㊲ 書店員・図書館司書・翻訳家・装丁家 ㊳ ツアーコンダクター・鉄道客室乗務員・グランドスタッフ・外国政府観光局職員 ㊴ バイクレーサー・重機オペレーター・タクシードライバー・航空管制官 ㊵ 画家・映画監督・歌舞伎俳優・バレエダンサー

第 7 期

㊶ 保健師・歯科衛生士・管理栄養士・医薬品開発者 ㊷ 精神科医・心療内科医・精神保健福祉士・スクールカウンセラー ㊸ 気象予報士・林業作業士・海洋生物学者・エコツアーガイド ㊹ 板金職人・旋盤職人・金型職人・研磨職人 ㊺ 能楽師・落語家・写真家・建築家

第 8 期

㊻ ケアマネジャー・児童指導員・手話通訳士・義肢装具士 ㊼ 舞台演出家・ラジオパーソナリティ・マジシャン・ダンサー ㊽ 書籍編集者・絵本作家・ライター・イラストレーター ㊾ 自動車開発エンジニア・自動車工場従業員・自動車整備士・自動車販売員 ㊿ 彫刻家・書道家・指揮者・オペラ歌手

第 9 期

(51) 児童英語教師・通訳案内士・同時通訳者・映像翻訳家 (52) 郵便配達員・宅配便ドライバー・トラック運転手・港湾荷役スタッフ (53) スーパーマーケット店員・CDショップ店員・ネットショップ経営者・自転車屋さん (54) 将棋棋士・総合格闘技選手・競馬騎手・競輪選手 (55) プログラマー・セキュリティエンジニア・アプリ開発者・CGデザイナー

第 10 期

(56) NASA研究者・海外企業日本人スタッフ・日本企業海外スタッフ・日本料理店シェフ (57) 中学校の先生・学習塾講師・ピアノの先生・料理教室講師 (58) 駅員・理容師・クリーニング屋さん・清掃作業スタッフ (59) 空手選手・スポーツクライミング選手・プロスケートボーダー・プロサーファー (60) 古着屋さん・プロゲーマー・アクセサリー作家・大道芸人

第 11 期 会社員編

(61) コクヨ・ヤマハ・コロナ・京セラ (62) 富士通・NTTデータ・ヤフー・NDソフトウェア (63) タカラトミー・キングレコード・スパリゾートハワイアンズ・ナゴヤドーム (64) セイコーマート・イオン・ジャパネットたかた・アマゾン (65) H.I.S.・JR九州・伊予鉄道・日本出版販売

第 12 期 会社員編

(66) カルビー・ハウス食品・サントリー・雪印メグミルク (67) ユニクロ・GAP・カシオ・資生堂 (68) TOTO・ニトリホールディングス・ノーリツ・ENEOS (69) TBSテレビ・講談社・中日新聞社・エフエム徳島 (70) 七十七銀行・楽天Edy・日本生命・野村ホールディングス

第 13 期 会社員編

(71) ユニ・チャーム・オムロン ヘルスケア・花王・ユーグレナ (72) 三井不動産・大林組・ダイワハウス・乃村工藝社 (73) au・Twitter・MetaMoJi・シャープ (74) ABEMA・東宝・アマナ・ライゾマティクス (75) 東京書籍・リクルート・ライフイズテック・スイッチエデュケーション

図書館用特別堅牢製本図書

「自分のキャリアをイメージしてみよう」

❶

「自分の生まれた年」と「現在の年齢」、「今好きなこと」や「小さいころ好きだったこと」を書いてみましょう。

❷

この本で紹介している４人の「今までとこれから」を参考に、**「これから学びたいこと」「してみたいこと（アルバイトなど）」「どんな仕事につきたいか」「どこにだれと住んでいたいか」**を、年齢も入れながら書いてみましょう。

❸

60歳の自分が「どんなくらしをしているか」、想像して書いてみましょう。

❹

気づいたことを、メモしておきましょう。

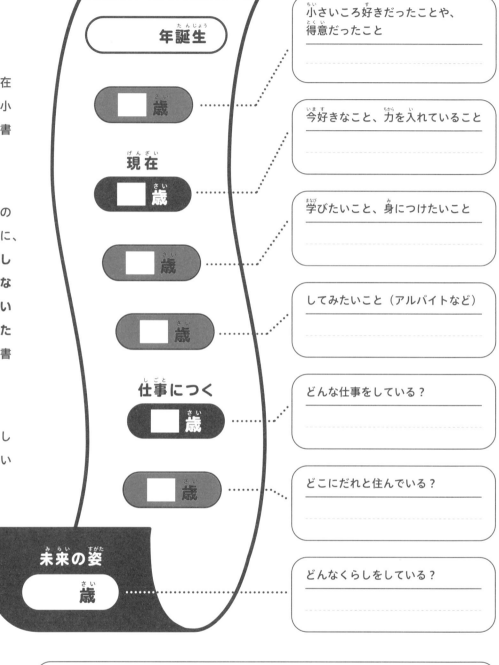

年誕生

小さいころ好きだったことや、得意だったこと

□歳

今好きなこと、力を入れていること

現在
□歳

学びたいこと、身につけたいこと

□歳

してみたいこと（アルバイトなど）

□歳

仕事につく
□歳

どんな仕事をしている？

□歳

どこにだれと住んでいる？

未来の姿
□歳

どんなくらしをしている？

なりたい自分に近づくために必要なこと

気づいたこと

なりたい自分に近づくために必要なことは何か、課題は何か、考えてみましょう。